CAMPEMENT DANS LE KOUKOU-NOR.

LES EXPLORATEURS DU TS'AÏDAM

Au cœur de l'empire chinois se trouve la province à laquelle le Koukou-Nor ou lac Bleu (en chinois : *Isinghaï*) donne son nom. Peu d'explorateurs ont pénétré dans cette région qui, encore aujourd'hui, est très incomplètement connue. Elle a pour bornes, au nord, les chaînes de l'Altyn-Tag et du Nan-Chan; au sud, les monts Kouen-Loun, que les Russes, par ordre du tsar, appellent Prjévalsky, du nom de leur grand explorateur en Mongolie et au Thibet; à l'est, les provinces du Kan-Sou et du Ssou-Tchouan. C'est une vaste contrée dont l'étendue, même approximative, n'est pas encore déterminée par les géographes, mais qui a certainement plus de 300,000 kilomètres carrés. L'aspect en est très varié. Tout le nord, connu sous le nom de Ts'aïdam ou Tchaïdam, forme un plateau presque désert, long de plus de 800 kilomètres de l'est à l'ouest et large de 150 à 200. On n'y rencontre que marécages et montagnes escarpées, encaissant quelques vallées au sol pierreux ou sablonneux. Le Ts'aïdam s'abaisse au nord-ouest, tandis qu'à l'est, il s'élève jusqu'à une altitude de 3,300 mètres environ, formant ainsi le premier gradin pour monter au Thibet.

Parmi les voyageurs qui, en notre siècle, ont visité le pays du lac Bleu et principalement le Ts'aïdam, il faut nommer tout d'abord l'intrépide missionnaire lazariste français, Évariste-Régis Huc, né à Toulouse en 1813 et mort à Paris en 1860. Accompagné de l'abbé Gabet, il partit de Pékin en 1844, après un séjour de cinq ans en Chine, et parcourut l'empire chinois et surtout la Mongolie, le Thibet, sur lesquels on n'avait avant lui de renseignements géographiques et ethnographiques que par les récits de Rubruquis et de Marco-Polo, dont les expéditions remontent au XIIIᵉ siècle. Huc et son compagnon eurent à braver des dangers sans nombre et ne les auraient peut-être pas surmontés s'ils n'avaient pris la précaution de se déguiser en pèlerins bouddhistes. Quoiqu'on leur fît, grâce à ce subterfuge, presque partout un accueil hospitalier, ils se trouvèrent fréquemment exposés à la mort, car le Koukou-Nor, qu'ils durent traverser pour arriver à Lhassa, la ville mystérieuse du Thibet, était alors, comme encore de nos jours, infesté par les brigands; et les chemins qu'ils avaient à suivre se trouvaient ensevelis sous les neiges ou bordés d'affreux précipices, « qui attiraient les passants comme une force irrésistible », écrit le courageux pionnier. Ils accomplirent leur dessein avec une infatigable persévérance, affrontèrent tous les périls, triomphèrent de tous les obstacles et atteignirent leur but. L'abbé Huc publia la relation de cette audacieuse entreprise dans ses *Souvenirs d'un voyage dans la Tartarie, le Thibet et la Chine*, qui parurent en 1852 en deux volumes et eurent un immense succès non seulement en France, mais dans tous les pays de l'Europe, où ils furent traduits. Son ouvrage, qu'il compléta par un autre travail non moins remarquable : *L'Empire chinois* (1857, 2 vol.), est encore aujourd'hui un document des plus précieux.

Vingt-six ans après Huc et Gabet, un Russe, Nicolas-Michaïlovitch Prjévalsky, né en 1839, reprit le même chemin. Fils d'un propriétaire terrien de Smolensk, après avoir fait ses études dans cette ville, il entra à l'école militaire de Saint-Pétersbourg, prit part à la campagne de Pologne, et obtint ensuite un poste de professeur d'histoire et de géographie à l'école des cadets de Varsovie. Ses penchants pour l'étude des sciences naturelles lui firent solliciter une mission dans la Sibérie orientale, où il fut chargé de recueillir des informations sur l'état des colonnes militaires établies sur la rive droite de l'Oussouri. Les résultats de cette mission révélèrent ses qualités. Il rendit un service signalé à la science en faisant connaître cette région, et tout particulièrement en donnant des indications exactes sur la situation et l'aspect du lac Khanka. Il était désigné dès lors à la Société de géographie de Saint-Pétersbourg pour réaliser le plan qu'elle conçut en 1870 de reconnaître dans des conditions plus scientifiques la route ouverte par l'abbé Huc, et de surprendre les secrets du mystère qui enveloppaient encore en grande partie, au point de vue ethnographique, la Mongolie et le Thibet oriental. Prjévalsky accepta cette tâche. En 1871, il se mit en route avec le lieutenant Michel Polzow et deux Cosaques. « Parti de Kiakta, il visita Ourga, Kalgan, traversa l'Ordosi, le désert de l'Alachan à deux reprises, la région du Koukou-Nor, les steppes du Ts'aïdam, et revint à Ourga en séjournant de nouveau au lac Koukou-Nor et dans les monts du Kan-Sou, et en traversant le Gobi central. Ce magnifique voyage, dont les itinéraires s'étendent sur plus de 12,000 kilomètres, fut raconté par lui dans son ouvrage intitulé : *La Mongolie et le pays des Tangoutes* (1). » Déjà précédemment, il avait écrit ses souvenirs de l'Oussouri, qui avaient donné la marque de son talent brillant, puissamment descriptif, et d'une richesse de style unissant l'éclat de la forme à la sûreté des observations.

Ce premier succès lui valut la médaille d'or Constantin que lui décerna

(1) Voir sur Prjévalsky l'excellente notice de M. L. LANIER dans ses remarquables *Lectures de géographie* (*Asie. Deuxième partie*). (Paris, Belin.)

la Société de géographie russe. En 1876, grâce à un subside de 24,000 roubles, il put repartir pour le Thibet. Cette fois il s'agissait principalement d'explorer le Lob-Nor, ce lac que Marco-Polo considérait déjà comme le principal réservoir des eaux de la région. Et le célèbre Vénitien ajoute que « cette région est pleine d'épouvantements. La route n'y est tracée que par les ossements blanchis des hommes et des chameaux, tandis que des esprits malfaisants entraînent par des sons étranges les malheureux voyageurs dans des gouffres et des pièges ». Prjévalsky pénétra avec Sweikouski et Ekon dans la contrée jusqu'alors inexplorée du Kouldja, la vallée de l'Ili, au sud du lac Balkach ; il la remonta, franchit les monts Narat, le plateau de Youldouz, s'engagea dans les Thian-Chan de l'est, s'enfonça dans le désert de Gobi, releva le cours du Tarim et atteignit enfin le Lob-Nor. Aucun Européen n'était arrivé avant lui jusque-là. Il constata que, contrairement à une affirmation des documents chinois, le Lob-Nor est un lac d'eau douce, situé à une faible distance des monts Altyn-Tagh, qui forment au sud-est un contrefort du Kouen-Loun. Il en rectifia la position, erronément indiquée sur les cartes, et en corrigea l'altitude. Ne pouvant pénétrer dans le Thibet à cause du froid et du manque d'eau, il revint à Kouldja. L'exactitude de ses découvertes fut contestée, mais tous les savants rendirent hommage à ses magnifiques conquêtes scientifiques. Un de ses contradicteurs les plus directs fut le savant voyageur et géologue prussien le baron Ferdinand de Richthofen, à qui l'on doit d'importants travaux sur le lœss (terre jaune) de la Chine et, en général, sur tout l'empire chinois (1). Richthofen prétendit que le Lob-Nor relevé par Prjévalsky n'est pas le fameux lac dont parle Marco-Polo, et que les anciens géographes placent loin des montagnes en une vaste plaine unie où il étale ses eaux « salées » et non « douces ». Cette discussion, qui reste encore en litige, fut toutefois peu favorable à l'opinion de Prjévalsky. M. Élisée Reclus s'est attaché à concilier les vues des deux savants en émettant l'avis qu'il y a eu sans doute un déplacement du bassin du Lob-Nor, et en expliquant le phénomène de la douceur et de la fraîcheur de ses eaux par leur passage d'un terrain recouvert de sel sur des fonds restés purs (2).

En février 1879, Prjévalsky quitta de nouveau Saint-Pétersbourg. accompagné du lieutenant Ekon, du sous-officier Iegoroff et du dessinateur Roborovski. Il franchit à Zaïssansk la frontière chinoise et arriva en été à Chatchou, ville située à l'entrée du désert de Gobi. Le bruit se répandit en Europe que l'expédition s'était perdue et avait péri. Cette nouvelle alarmante fut démentie bientôt par les lettres du colonel Prjévalsky à l'*Invalide russe*. Ce qu'il y avait de vrai dans les faits rapportés, c'était que le guide mongol, connaissant mal la route, avait conduit l'explorateur russe au milieu des nomades Tangoutes qui, barrant le chemin, avaient attaqué l'escorte. Ne pouvant, une fois de plus, atteindre Lhassa, quoiqu'il n'en fût éloigné que de 250 verstes (260 kilomètres), Prjévalsky revint au Ts'aïdam, dont la traversée réclama tout le mois de décembre et celui de janvier 1880, au milieu des plus grandes difficultés.

(1) Cf. RICHTHOFEN : *China*. (Berlin, 1872, 2 vol. in-4° et atlas.)
(2) Voir également sur cette discussion l'article de PRJÉVALSKY dans la *Revue russe* (1879. p. 563), la *Géographie universelle* d'Elisée RECLUS, les ouvrages de Dutreuilh de Rhins, le voyage en Mongolie de Pievtzof, et ceux du prince Henri d'Orléans et de M. Bonvalot.

Il explora ensuite le cours supérieur du Hoangho et revint par le désert à Ourga et à Kiachta, d'où il se rendit à Orenbourg.

En 1888, impatient de résoudre définitivement le problème qui avait jusqu'alors occupé toute sa vie, il repartit, animé d'une ardeur nouvelle, pénétra au cœur du Thibet, visita pour la troisième fois le Ts'aïdam, parcourut la région supérieure des fleuves Bleu et Jaune, l'oasis d'Aksou, les monts Thian-Chan. Tant d'efforts et de fatigue devaient malheureusement enlever dans toute la vigueur de l'âge cet homme valeureux, qui fut un véritable héros moderne. La mort le guettait et le frappa au moment où il allait repartir pour le Thibet. La ville de Karakal, où il périt, a reçu le nom de Prjévalsky. « Ses itinéraires, dit M. Lanier, sont longs de plus de 30,000 kilomètres. Les récits de voyages qu'il a laissés, et qui n'ont pas tous été traduits dans notre langue, sont aussi attrayants qu'instructifs. Hommes, races, animaux, végétaux, climats, température, géologie, Prjévalsky ne néglige rien. Il est peut-être dans ce siècle l'explorateur qui a le plus contribué aux progrès de la science dans la géographie de l'Asie. »

Le colonel Pievtzoff et les anciens compagnons de Prjévalsky ont continué son œuvre. Celle-ci ne pouvait manquer de tenter d'autres audaces. De 1890 à 1894, la route du Thibet à travers le Ts'aïdam fut tour à tour suivie par MM. Bonvalot, le prince Henri d'Orléans, de Poncins, Grenard et Dutreuilh de Rhins, qui fut victime de son courage. Avant les derniers explorateurs que nous venons de nommer, un voyageur américain, secrétaire de la légation des États-Unis à Pékin, M. William Woodville Rockhill, traversa la Chine, la Mongolie et le Thibet, où il voulait pénétrer comme avaient fait Huc et Gabet par le nord. Il partit au commencement de l'hiver de 1888, et se rendit de Pékin par Tai-Yuan et Hsi-Gan à Lan-Chou-Fou, capitale du Kansou. De cette dernière ville, située sur la rive droite du fleuve Jaune, il gagna Tankar et suivit ensuite la route qui le mena au lac Bleu et au Ts'aïdam. C'est son séjour dans cette région qu'on lira plus loin (1). Woodville Rockhill s'est attaché à contrôler les données de Huc et de Prjévalsky, il les confirme souvent, les rectifie quelquefois. Mais ce n'est pas le seul mérite de son travail. On en remarquera l'originalité procédant du désir et de la volonté de ne rien accepter qu'il n'ait vérifié par lui-même. S'il suit parfois des chemins battus, c'est une occasion pour lui de s'assurer si les jalons y ont été bien plantés et de redresser ceux qui pourraient donner lieu à des erreurs. Ses observations sont consciencieuses et dictées par l'impartialité; tout ce qu'il rapporte est attachant par cela même qu'il ne parle que de choses vues, et quand on met celles-ci en regard des pages de Huc, de Prjévalsky, on reconnaît qu'il a trouvé encore bien des renseignements à recueillir après eux.

Charles SIMOND.

(1) WILLIAM WOODVILLE ROCKHILL : *The Land of the Lamas, notes of a Journey through China, Mongolia and Tibet* (Le pays des Lamas, notes d'un voyage à travers la Chine, la Mongolie et le Thibet). (New-York, LONGMANS GREEN AND C°.)

CAMP THIBÉTAIN.

LE CŒUR DE LA CHINE
LE KOUKOU-NOR ET LE T'SAÏDAM

A quinze milles environ de Tankar (1), les villages chinois et leurs
habitants disparurent derrière nous et nous nous trouvâmes dans
la région des nomades. Notre route nous conduisait à la source du
Hsi-ning, près du Koukou-nor ou Lac bleu. Le premier jour, nous
fîmes peu de chemin par suite des nombreux arrêts pour rajuster
la charge des chameaux; aussi n'arrivâmes nous que fort tard à une
lamasserie (2) appelée Gomba Soba, à dix-huit milles à peu près de
Tankar. Les lamas étaient très bons; ils nous apportèrent du com-
bustible et de l'eau, s'occupèrent de notre troupeau et nous aidèrent
à dresser nos tentes. Mes hommes n'en étaient pas moins surexcités
et, pendant la nuit, au moindre bruit ils s'éveillaient en sursaut.
Les aboiements de chiens les mettaient hors d'eux-mêmes. Finalement, mon domestique de Tientsin n'y tint plus; il s'élança hors

(1) Tankar, *Tan-ka-erh*, que Huc appelle « Tang-keou-eoul » et Prjévalsky
« Tonkir ou Donki, » d'après le nom Thibétain ou Mongol « Dung Kor ou
« Tung kor », dérivé probablement de *t'ang mk'ar* (fort qui commande la steppe)
est une sous-préfecture (*t'ing*) et la ville frontière la plus à l'ouest dans cette
partie du Kansou. Deux routes conduisent de là au Koukou-nor, l'une par Sha-
rakuto au sud (c'est la Passe du Sud ou « Nan k'ou »), l'autre en remontant la
vallée du Hsi-ning (Passe du milieu, ou « Chung k'ou »). La ville a une population de dix mille habitants, Chinois et Thibétains. Pendant la révolte des
Mahométans ils furent presque tous massacrés.
(2) Les lamasseries sont des constructions, généralement en briques et en
pierres, construites par les lamas, prêtres bouddhistes, qui y établissent leur
demeure. Elles correspondent à nos couvents.

de la tente et se mit à tirer des coups de revolver pour repousser les voleurs et rôdeurs dont son imagination peuplait les alentours. Cela ne tarda pas à m'exaspérer, je le sermonnai vertement et lui enlevai son arme, à son grand dépit, car tout en ne sachant pas la manier, il était fier de la porter à sa ceinture.

Le lendemain nous nous remîmes en marche. A mesure que nous poussions plus loin, la vallée s'élargissait, les collines avoisinantes s'abaissaient et devenaient moins raides. Le sol était bien couvert d'herbe et l'eau provenant de nombreuses sources descendait en ruisselant des pentes ou formait des mares qui nous arrêtaient en barrant le passage. Nous vîmes un petit nombre de camps, les uns de Mongols, les autres de Thibétains, les premiers semblant prédominer. Ce sont des gens très pauvres. Leurs troupeaux de moutons et de chèvres ne dépassent généralement pas cent têtes par tente; cinq ou six petits chevaux et autant de chameaux complètent leur avoir. Ils vivent constamment sur le qui-vive, ayant à redouter leurs voisins du Thibet qui les pillent et les attaquent effrontément. Leurs troupeaux sont gardés par des femmes qui se servent de frondes pour les rassembler lorsqu'ils s'éparpillent trop, et lancent des pierres ou de la boue sèche à une distance considérable avec une étonnante précision. Les Thibétains font de même; mais chez eux ce ne sont pas les femmes qui s'acquittent de cette tâche, car, vivant dans des endroits écartés et à découvert, ils ont toujours à craindre les maraudeurs à qui les hommes seuls en imposent.

Dans l'après-midi de la troisième journée depuis notre départ de Tankar, nous atteignîmes la ligne de partage des eaux entre le Hsi-ho et le Koukou-nor, et du sommet d'une passe, à 12,248 pieds d'altitude, nous découvrîmes pour la première fois le grand lac, brillante surface de glace, s'étendant aussi loin que la vue à l'ouest et borné au sud par une rangée de hautes montagnes roides aux cimes neigeuses. Nous campâmes, cette nuit-là, à quelques milles au nord d'un petit lac formé par une baie étroite séparée du grand lac par des sables mouvants. On l'apelle Baganor ou Ts'o chung (littéralement petit lac, les Chinois disent Fils du lac « hai erhtau »).

Le Koukou-nor (1) ou lac bleu a 230 milles environ de circuit. Il est situé à 10,900 pieds au-dessus du niveau de la mer. Sur ses rives du nord et de l'ouest s'étalent des steppes et des rangées de collines basses. Au sud une chaîne de montagnes hautes, déclives, âpres, part du rivage même. La partie à l'ouest et au nord du lac, la seule

---

(1) De *koukou* (prononcez Kouke, avec l'e final sourd comme dans queue) et de *nor* (*koukou* signifiant » bleu » et *nor* « lac »). Les Chinois l'appellent *Hsi-hai* lac de l'ouest) ou *Ch'ing-hoï* (lac bleu). Les auteurs chinois évaluent son circuit de 700 à 1000 *li* (le *li* vaut 442 à 443 mètres) Prjévalsky ne lui donne que 266 kilomètres de circonférence et 160 kilomètres de plus grand diamètre. Le Kounor est, croit-on, peu profond. Ses eaux sont salées.

que je connaisse bien, est riche en pâturages et baignée par un
certain nombre de grands cours d'eau dont deux sont très importants. Les nomades y trouvent d'excellents lieux de campement
dans les vallons et les combes où ils peuvent s'abriter des vents
violents d'ouest et de nord-ouest, appelés par les Chinois « vents
noirs » et qui soufflent presque continellement dans cette région
pour ainsi dire déserte.

Nous ne vîmes ici également que quelques Mongols et Thibétains,
mais il est probable que, la saison étant encore assez rigoureuse,
la plus grande partie de la population n'avait pas quitté ses quartiers d'hiver et restait réfugiée dans les recoins écartés des hauteurs.
Du reste, les Thibétains n'aiment pas la plaine. C'est un peuple
essentiellement montagnard, et il est possible pour cette raison
qu'ils ne se fixent jamais en grand nombre aux abords des lacs.
Quoi qu'il en soit, beaucoup avaient abandonné leurs camps.

Le jour suivant nous franchîmes le Baléma-gol, dont le lit de
gros gravier avait environ un mille de large. J'aperçus tout un
troupeau d'ânes sauvages et d'antilopes (*procapra picticaudata*) des
lièvres, des coqs de bruyère, des tadornes et une grande espèce de
faucons, en abondance. En plusieurs endroits le sol était crevé de
sillons par une sorte de lagomys (1).

Le chemin jusqu'au passage du Baléma-gol était tout tracé, mais
à partir de ce cours d'eau il devint rapidement de moins en moins
indiqué; aussi commençais-je à être impatient de trouver un guide
le plus tôt possible, surtout parce que nos chameaux n'étaient pas
assez forts pour faire de longues marches en quête d'eau. J'essayai
dans plusieurs camps de Thibétains de décider un de ceux-ci à
nous accompagner, mais on me demandait pour nous rendre ce
service plus que je ne voulais donner. Nous poussâmes donc, après
avoir passé l'Uran Muren (2), jusqu'à un endroit appelé Dré ch'u
et qui doit son nom à celui d'un ruisseau voisin. Il y avait là un
petit camp thibétain.

Aussitôt nos tentes plantées j'envoyai un de mes hommes acheter
du beurre et du lait aigre, et prier quelques uns de ces naturels de
venir causer avec moi. Au bout de quelque temps il en arriva deux,
des vieillards. Je leur demandai s'ils voulaient nous guider jusqu'à
Dulan-Kuo, à trois journées de là. Il fallut parler longtemps et
leur montrer ce que nous leur donnerions en paiement avant de les
décider. Je leur offris quatre paires de bottes et une once d'argent. On m'avait recommandé, au départ de Tankar d'emporter
une certaine quantité de bottes comme on en fait là pour les Mongols et les Thibétains et j'en avais acheté trente paires pour dix

(1) Le « lagomys » est un genre de mammifères rongeurs à classer entre le
lièvre et le rat, comme la gerboise.

(2) Uran moren gol (que Prjévalsky appelle « Ulan Kos hung ».) C'est le plus
grand des affluents du lac. Son lit, qui a deux milles de large, est couvert de
blocs de grès rouge et pourpre et semé de gros gravier.

taëls (une soixantaine de francs). Ces chaussures me furent très utiles pour engager des hommes qui, sans cela, n'auraient pas consenti à s'éloigner de leurs habitations même si je les avais payés en argent ou d'autre manière. Au Koukou-nor et dans le Ts'aïdam les bottes sont de la monnaie courante (1); les moutons, les peaux, le seigle, les parures valent tant ou tant de paires de bottes, et quand il n'y a pas demande de celles-ci, c'est le thé, le katag, le poulo, ou le coton qui les remplace.

Nous approchions de Koukou-nor, mais le temps était si bru-

VASE SACRÉ
POUR L'EAU LUSTRALE.

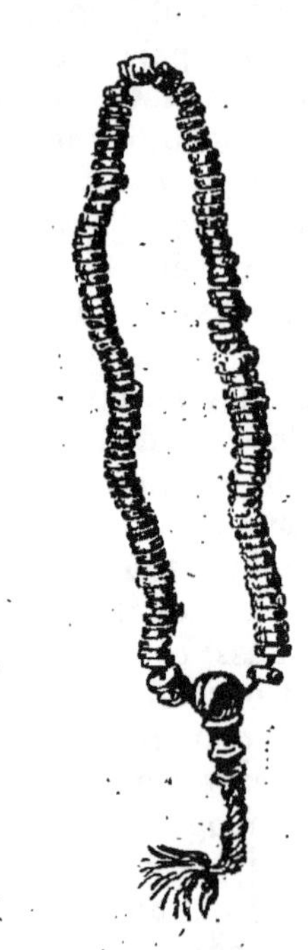

CHAPELET FAIT
D'OSSEMENTS HUMAINS.

meux que je n'apercevais que fort rarement le lac. Pendant que nous campions à Dre'ch'u, il s'éclaira un peu et je pus distinguer dans le lointain au sud un point qu'on me dit être une île rocheuse habitée par quelques lamas. Quand le lac est pris, ces reclus passent sur la glace et vont faire en terre ferme leurs provisions pour tout l'hiver suivant, car il n'y a pas de bateaux sur le lac et par conséquent ils se trouvent tout une moitié de l'année privés de communication. Cette île rocheuse remplit, assure-t-on, l'ouverture par où les eaux du lac se précipitaient quand elles arri-

(1) Au Ts'aïdam pour une paire de bottes achetées à Tankar 1 fr.,75, on a deux brebis, une peau d'yak, quatre peaux d'onagre (âne sauvage) et huit boisseaux (72 litres) de seigle.

vaient) par un passage souterrain de Lhassa, au pays de Koukou-
Nor. L'immense roche avait été apportée là par un dieu qui avait
pris la forme d'un grand oiseau et, grâce à ce moyen ingénieux
avait sauvé la contrée d'une inondation complète (2). Les Chinois
l'appellent « Lung ch'ü tao » (l'île des poulains dragons). Jadis,
quand le lac était couvert de glace, chaque année, ceux qui habi-

LES DIEUX DU THIBET.

taient sur ses rives laissaient dans l'île un certain nombre de
juments apprivoisées. Au retour du printemps, ils en faisaient de
nouveau la capture, et chaque jument était accompagnée d'un poulain. On appelait ces jeunes chevaux les « poulains du dragon ».
Quand, sous la dynastie de Sui (de 589 à 618 de notre ère) les
T'u ku-ham s'emparèrent du pays, ils eurent le plus vif désir de
perpétuer cette race chevaline : mais, quoiqu'ils eussent lâché

(2) Cette légende a été racontée également par Huc et par Prjévalsky.

deux mille juments dans les vallées et gorges de l'île, leur attente fut déçue : ils n'obtinrent pas un seul poulain et la race s'éteignit (1).

En quittant le Koukou-nor, nous traversâmes, dans la direction de l'ouest, un pays de collines basses, quartzeuses, coupées à de longs intervalles par de petits ruisseaux dévalant vers le lac, jusqu'à ce que nous atteignîmes le Bouha-gol, le cours d'eau le plus important du bassin du Koukou-nor. Nous le connaissions déjà par Huc, qui l'appelle « Pouhain-gol », mais comme ce nom veut dire « Fleuve du Yak Sauvage », « Bouha-gol » est la seule transcription correcte des mots mongols. La vallée qu'il arrose à cinq ou six milles de largeur et en beaucoup d'endroits le sol est humide et spongieux; mais, tout à proximité du fleuve, il est composé de sable et de gravier où croît avec profusion un arbuste appelé « tarku » par les Mongols et « sa-liu » par les Chinois. Huc nous a laissé dans ses *Souvenirs* un récit très animé, mais probablement orné de style, des dangers accompagnés de craintes qu'il rencontra avec sa caravane au passage du « gol ». Le lit avait environ trois quarts de mille de largeur là où je le vis, mais le fleuve même ne mesurait que quarante pieds de large et deux pieds de profondeur. Il est probable toutefois que le lit ait, il y a quarante-cinq ans, été beaucoup plus large, comme l'attestent le sable et le gravier sur la rive gauche et qu'à l'époque où Huc franchit le fleuve (à la fin d'octobre) il y ait eu plus d'eau que je n'en remarquai.

Des commerçants de Lusar et de Tankar m'avaient dit que le passage de ce cours d'eau est souvent très difficile; il y en avait même un qui m'affirmait qu'une fois il s'était trouvé arrêté pendant trois jours en voulant faire passer sa caravane de yaks à travers la glace rompue. Les données rappelées plus haut sont dues au Père Huc, dont la véracité a été démentie par le colonel Prjévalsky et si vivement attaquée que plus d'un a soutenu qu'il n'avait avec Gabet jamais mis le pied au Thibet, sans parler de Lhassa. Incontestablement Huc a écrit son ouvrage de mémoire plusieurs années après que les faits s'étaient passés, et si, pour autant que j'en aie connaissance, il n'invente jamais, par contre il embellit fréquemment, comme par exemple dans son récit du passage de la gorge du « Hsining » (2). On ne saurait toutefois, contester la grande valeur de ses renseignements sur les habitants, leurs mœurs et coutumes, et si beaucoup de ses explications des termes et des usages ne sont pas exactes, elles n'en sont pas moins admises

(1) La légende des poulains du dragon est racontée pour la première fois dans l'histoire de la dynastie des Thangs. Voir à cet égard le remarquable ouvrage du marquis d'Hervey Saint-Denis.

(1) Suivant le colonel Mark Bell « The Great Central Asia Trade Route ». La grande route commerciale de l'Asie Centrale), Prjévalsky se serait trop hâté de jeter le discrédit sur le P. Huc, dont le voyageur anglais a, au contraire, pu constater l'exactitude partout où il en a eu l'occasion.

dans les pays auxquels elles se rapportent. Aussi son ouvrage n'a-t-il pas cessé d'être hautement estimé. S'il avait été mieux édité et accompagné de notes et d'éclaircissements, les accusations de Prjévalsky et d'autres n'auraient jamais eu de crédit auprès du public.

La chaîne du Koukou-nor du sud ferme la ligne de partage des eaux entre les vallées du Bouha-gol et du Doulan-gol sur lequel se trouve Dulan-Kuo, la capitale (un grand nom pour un petit endroit mais je n'en trouve pas de meilleur) du prince Mongol du Koukou-nor (Ch'ing-haï Wang). Les montagnes dans cette partie de la chaîne s'appellent Dagar té-chen; elles ont environ quinze cents pieds de haut et sur leur versant méridional sont couvertes en plusieurs places de cèdres et de genévriers rabougris. Quoique la montée fût douce et que le sol n'offrit rien de pierreux, deux des chameaux s'abattirent en chemin et nous causèrent tant de retard que nous mîmes trois jours à atteindre Doulan-Kuo, qui était à peine à vingt-cinq milles de distance. Au haut de la passe se voit un énorme monceau de pierres, d'où s'échappent des broussailles auxquelles pendent des haillons de toute forme et de tout genre. Ces monuments s'appellent en Mongol et en Chinois « obo » (1). Ils sont formés au cours des années par l'entassement des pierres que les voyageurs jettent en arrivant au haut point de la passe pour remercier les dieux de leur avoir accordé une aide en les guidant jusqu'à ces cimes. Il se peut qu'ils aient originairement servi de bornes et soient ensuite devenus des objets de vénération, ou peut-être chaque passant y a-t-il ajouté son tribut, en sorte que le monceau s'est peu à peu élevé à cette hauteur souvent très considérable qu'il a aujourd'hui.

Sur le flanc méridional de la montagne nous rencontrâmes une petite troupe de lamas qui revenaient chez eux de Lhassa. Ils nous racontèrent qu'ils avaient voyagé pendant trois mois et que leur caravane, quoiqu'elle fût à peine de quarante hommes, n'avait jamais été attaquée en échappant à tout accident. Ils redoutaient beaucoup de traverser le pays du Koukou-Nor et s'étonnaient de notre chance de ne pas avoir été pillés. Ils nous parlèrent longuement de la guerre entre ceux de Lhassa et les Ying-gi-li, c'était le nom qu'ils donnaient aux Anglais. Ils ajoutèrent que le Thibet était dans un état de grande fermentation. Les lamas avaient recruté un grand nombre d'hommes dans le Ch'amdo ou Thibet oriental et les avait envoyés aux postes avancés en leur donnant l'assurance qu'ils n'avaient rien à craindre des canons anglais, parce qu'eux-mêmes se tiendraient à proximité (bien entendu en lieu sûr) pour réciter des exorcismes et les rendre invul-

---

(1) Cette coutume n'est pas exclusivement Thibétaine ou Mongole. Elle se retrouve chez les anciens Péruviens. (Voir Mar Kham *Narration and critical history of America*) dans les îles Fidji, en Corée et au Japon.

nérables. Dans les premiers combats beaucoup de ces guerriers Ch'amdo avaient été tués ou blessés et les survivants, lâchant pied, étaient retournés dans leurs foyers, en laissant les lamas vider leur querelle armée à leur gré et de leur mieux

A quinze milles environ du sommet de la passe, nous arrivâmes à un petit lac saumâtre, le « Tsahan-nor », ou « lac blanc », et à quelques milles de là nous atteignîmes le Doulangol, cours d'eau étroit mais clair et rapide. Les montagnes étaient plus escarpées et plus âpres de ce côté et le porphyre qui dominait dans leur composition sur le versant septentrional était remplacé ici par le granit et les roches conglomérées.

Nous parvînmes le 4 avril au Doulan-Kouo (1) (Place chaude). C'est un petit village de cabanes en bousillage, employées comme

BOTTE SERVANT DE
MONNAIE COURANTE AU THIBET.

magasins, chacune d'elles ayant un mur de clôture en adobes (briques cuites au soleil). Les Mongols y vivent sous la tente dans les cours et jouissent de tous les plaisirs de l'existence nomade, tout en ayant sous certains rapports la sécurité des villes. La seule habitation qui ait droit au nom de maison est une construction en bois faite par des charpentiers chinois pour le prince. Il y a dans le voisinage une petite lamasserie occupée par un Gégén (incarnation d'ordre secondaire) et environ vingt lamas ; mais les officiers du prince habitent sous des tentes dans la vaste cour qui lui est réservée. Cette maison est une propriété de luxe pour ce potentat, car il n'y vient jamais ; aussi son char de Peking tombe-t-il en ruine sous le hangar où il est remisé. Le Wang a pour résidence sa tente à quelques milles de là, dans une vallée latérale, mais longue. Je visitai le pays, il était absent et se trouvait à Péking où il avait été mandé pour assister au mariage de l'empereur.

Le prince de Koukou-nor est le plus haut dignitaire parmi les Mongols dans cette partie de l'empire ; un de ses ancêtres fut fait Chin-Wang par l'empereur de Chine en 1697. (2). Son clan, qui s'appelle « Wang R' a » ou Clan Royal ne compte pas plus de deux cents familles dont tous les membres sont très pauvres. Le Prince est naturellement le plus riche, mais son maître d'hôtel m'affirma

(1) Prjévalsky l'appelle Doulan Kit en attribuant à « kit » la signification d'église. Je ne lui ai jamais entendu donner ce nom et crois qu'il a été mal informé. (Voir Prjévalski *Mongolie*.)

(2) Jusqu'en 1697 le prince de Koukou-nor était vassal du Dalaï-Lama. Le Ch'in haï Wang descendait de Dalaï Kung Daichi, second fils de Gushi, conquérant du Thibet.

que son maître ne possédait qu'un millier de moutons, 40 chameaux et de 40 à 50 chevaux. Quiconque a de 200 à 300 moutons,
8 ou 9 chameaux et quelques chevaux est considéré comme à son
aise, et l'est réellement, les besoins, peu nombreux, pouvant se
satisfaire à peu de frais. Les Mongols sont vêtus de robes en peau

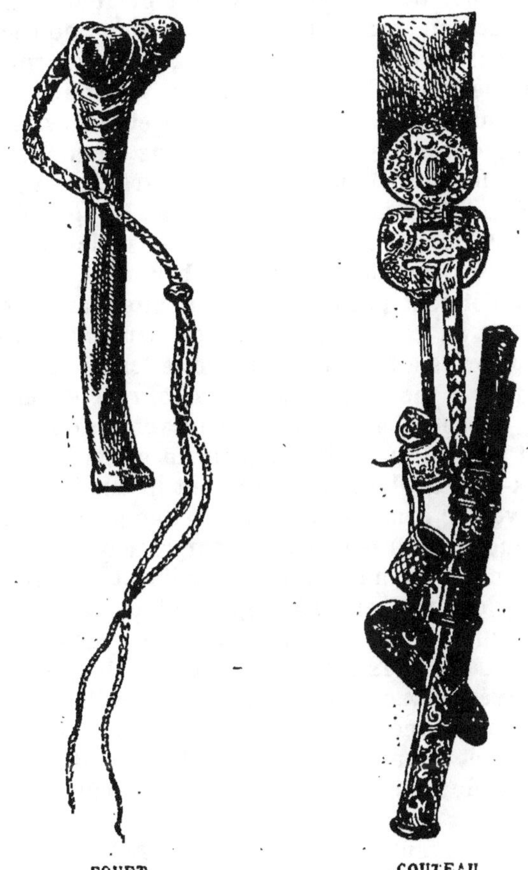

FOUET

FAIT D'OSSEMENTS HUMAINS.

COUTEAU

AVEC SA GAINE.

de mouton ou, l'été, en feutre, et ils les portent jusqu'à ce qu'elles
tombent en lambeaux.

Leurs tentes de feutre, lorsqu'elles sont neuves, coûtent environ
10 onces d'argent; leurs selles, harnais, fusils, épées, usten-
siles de cuisine et autres objets nécessaires se paient en tout de
10 à 15 onces. Ils cultivent la terre, juste assez pour lui faire
produire ce qu'il faut de seigle pour faire le *tsamba*; leurs chèvres,
brebis, vaches, yaks demi-sang leur donnent du lait dont ils font le
beurre; les peaux d'agneaux, celles de quelques brebis qu'ils mangent, et la laine qu'ils tondent ou arrachent leur rapportent de quoi

payer au Sharba tout le thé qu'ils emploient. Leur seul superflu est le tabac à priser, qu'ils consomment en grande quantité, les femmes ne s'en abstenant pas plus que les hommes. Ils broient la feuille sèche, qu'ils réduisent en poudre, et mélangent celle-ci avec des cendres de bouse pour rendre le tabac moins fort. Ils préfèrent ce mélange au meilleur tabac à priser chinois parfumé, et le mettent dans une tabatière en corne qui a la forme d'une poire de chasse. Ils absorbent leur provision tout le long de la journée par pincées, qu'ils versent sur l'ongle du pouce gauche. Ils font aussi grand cas du *tarak* (lait aigre ou caillé) et de l'*arreki* (lait de jument distillé), qui coûte cher ; mais ils ne s'adonnent pas à la boisson, comme les Thibétains et s'enivrent très rarement.

Huc, et, après lui, Prjévalsky, ont dépeint les Mongols du Ts'aïdam sous des couleurs peu favorables : moroses, mélancoliques, parlant peu, en fait à peine différents de la brute (1). Tous ceux que j'ai rencontrés n'étaient pas tels que je m'attendais à les trouver d'après les récits de ces voyageurs. Non seulement ils se montraient toujours prêts à faire tout ce que je leur demandais, mais ils s'appliquaient à me rendre le séjour agréable, m'invitant à partager leur repas sous la tente, chantant en chœur pour me faire plaisir et jouant du banjo, instrument qu'ils font, mais grossièrement, eux-mêmes. La plupart parlent le thibétain, ce qui me permit de converser facilement avec eux, et je les trouvais tout aussi animés que les autres tribus de leur race que j'ai vues. Toutefois, je n'ai jamais connu de nomades vifs et loquaces — je ne crois pas qu'il y en ait — et les Mongols ont les défauts et les qualités de leur origine et de leur civilisation. Ils sont certainement honnêtes, et, ni dans le Ts'aïdam, ni dans la Mongolie orientale, je ne les ai trouvés faux et fourbes, comme le prétend Prjévalsky ; au contraire, leur honnêteté est proverbiale, de même que leur franchise naïve et leur crédulité dont tous les Chinois qui ont eu des rapports de commerce avec eux peuvent rendre témoignage.

A Doulan-Kouo, ayant à faire faire un travail de couture, je m'adressai à deux sœurs, qui étaient les deux femmes du chef de l'endroit. Elles arrivèrent avec leur aide dans ma tente. Il s'agissait de border de peau de mouton une robe en poulo. Pour cela, il fallait la défaire.

L'ouvrage achevé, à l'exception du col qui restait à coudre, les deux femmes s'en allèrent revêtir leur plus beau costume, puis revinrent et donnèrent à ma robe le dernier coup de fini. Elles

---

(1) Huc dit : « La teinte morose et mélancolique de ces tristes contrées semble avoir influé sur le caractère de leurs habitants, qui ont tous l'air d'avoir le spleen. Ils parlent très peu. » Et Prjévalsky (*Mongolie*) : « Ils ont les yeux tristes, lourds, l'humeur morose et mélancolique. » Dans son voyage au Thibet, il les donne pour paresseux et faux, malhonnêtes, stupides, sans être cependant dépourvus de ruse.

me dirent que c'était ainsi qu'elles procédaient toujours quand elles faisaient un vêtement pour un des chefs, et qu'elles voulaient me montrer le même respect. La robe terminée. elles me prièrent de la mettre et m'invitèrent à les accompagner chez elles, où elles avaient préparé un petit régal. Tout au fond de la tente et faisant face à la porte, il y avait un autel peu élevé et les images des dieux domestiques ; le siège d'honneur se trouvait à droite de l'autel. Après avoir bu le thé et mangé le tsamba, on apporta une petite bouteille de vin avec un morceau de beurre dessus. On déposa le beurre sur l'autel, on remplit une coupe de vin et on me la mit dans la main. J'y trempai le bout de l'index et aspergeai les quatre coins de la tente, puis je bus une gorgée et passai la coupe au chef qui était mon amphitryon. Il la leva à la hauteur de son front, sans boire, et la donna ensuite à son voisin, qui fit de même. Quand la coupe, après avoir fait le tour, revint à moi, on me pria de la vider. C'était, me dirent-ils, leur usage quand ils recevaient un personnage distingué.

Le propriétaire de la tente était médecin. Pendant que je me rendais chez lui, une jeune fille vint lui demander un remède pour la fièvre. Il lui prit les deux mains à la fois pour lui tâter le pouls, la regarda tout le temps avec fixité dans le blanc des yeux, lui fit une ou deux questions, puis alla prendre plusieurs pochettes de cuir contenant des médicaments qu'il avait rapportés de Lhassa. C'étaient, pour la plupart, des poudres. Il en dosa quelques-unes avec une petite cuiller en argent, puis les lui remit sans vouloir accepter aucune rétribution pour la consultation et le remède. Ces Mongols se laissent volontiers droguer, mais ils ne prennent que des drogues thibétaines exclusivement, et s'en tiennent généralement aux substances végétales. Ils me contèrent merveille de ce qu'il y a de plus apprécié dans la pharmacopée du Thibet : le lait d'éléphant. On l'apporte, paraît-il, à Lhassa, des Indes, où on le vend extrêmement cher ; ils furent très surpris d'apprendre que je n'avais jamais entendu parler de ses propriétés curatives. J'avais chez moi une bouteille d'Enos (1), et quand, le lendemain, ce lama vint me voir, je lui en offris avec de l'eau. L'effervescence du liquide le remplit d'étonnement. Ce remède inconnu devait lui paraître très fort, car il le trouva bien supérieur au lait d'éléphant.

J'appris le lendemain, avec beaucoup d'ennui, en arrivant à Doulan-Kouo, qu'un T'ung Shiu du Yamen de l'Amban venait d'y faire halte avec toute une troupe de Chinois et de Thibétains. Je craignais qu'il n'eût reçu l'ordre de m'intercepter le passage ou de rendre mon voyage dans le Thibet si difficile, en éveillant les soupçons des habitants là où je comptais passer, qu'ils m'eussent empêché

(1) *Eno's, fruit salt,* très usité en Angleterre.

d'avoir accès jusqu'à eux. Je chargeai aussitôt l'un de mes hommes d'aller le voir, de s'informer de sa santé et de l'inviter à venir prendre le thé dès qu'il se serait reposé. Il vint, en effet, vers le soir et se montra très affable. Il me dit qu'il allait au Thibet oriental lever les impôts dus au gouvernement impérial par les naturels, et qu'après sa tournée, il se rendrait à Ta-chien-lu. Je lui confiai que je me proposais de visiter le Ts'aïdam et d'aller ensuite à Sa-chou, de là à Khotan (2) et à Kachgar (3). Parlant du voyage à Lhassa, il me raconta que beaucoup de ses collègues de l'Yamen l'avait fait à l'une ou l'autre époque par la route du nord, celle qui traverse le Bourhan-bota, au sud de Baron-Ts'aïdam. Ils n'avaient eu qu'une faible escorte, vingt ou vingt-cinq hommes, mais ils ne s'étaient trouvés assez forts pour résister aux brigands et avaient pu atteindre leur destination sans courir de grands dangers et sans perdre beaucoup de bétail. Pour aller de Tankar à Lhassa, on mettait d'ordinaire de soixante à soixante-dix jours.

Comme de Doulan-Kouo au sud de Ts'aïdam nous avions à suivre le même chemin, nous décidâmes de faire route ensemble. J'y étais d'autant plus prêt que j'aurais ainsi l'occasion de m'assurer s'il avait quelque ordre qui pût me nuire. Je pourrais aussi, de cette manière, peut-être cultiver son amitié et mettre à profit son influence auprès des Mongols et des Thibétains.

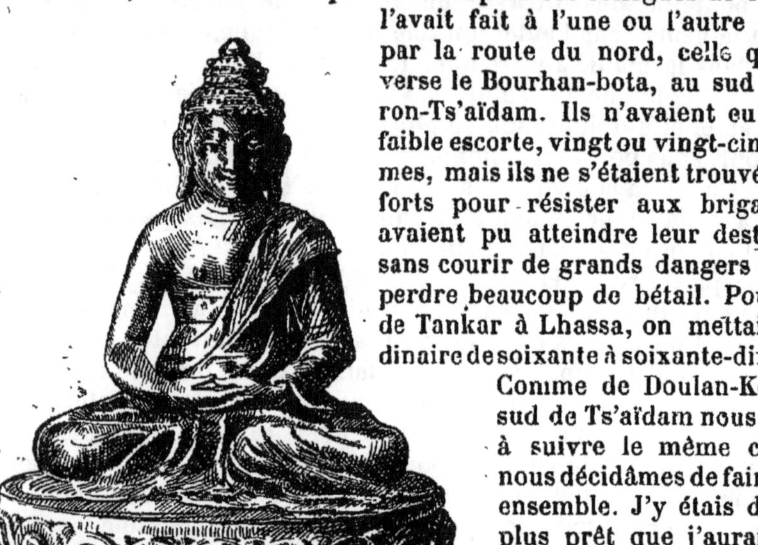

DÉESSE DROL-MA, IMAGE HABILLÉE DE SATIN.

Quelques présents que je lui envoyai, sans oublier ses amis, aussitôt après notre première entrevue, me valurent promptement sa bienveillance, et je fus, au cours de la quinzaine suivante, si bien à même d'entrer dans ses bonnes grâces, qu'il me rendit éventuellement deux services importants, sans lesquels, s'il s'en était abstenu, il est douteux que j'eusse pu traverser le Thibet oriental.

(2) Khotan ou Khoten est une des grandes villes du Turkestan oriental ou Thian-Chan-Nan-Tiu. Elle a 40,000 habitants. C'est le chef-lieu de la place riche oasis. Elle est arrosée par les canaux dérivés du Khotan-Daria et du Kara-Kach, et fait un commerce très actif avec la Chine, l'Inde et la Perse.

(3) Kachgar, également dans le Turkestan oriental, a 50,000 habitants. C'est à la fois un entrepôt de commerce et un point stratégique.

Les quatre jours que nous restâmes à Doulan-Kouo ne firent pas beaucoup de bien à mes chameaux. L'herbe autour du village

LES OFFRANDES.

était très maigre et il y avait une telle quantité de pies qui tourmentaient les pauvres bêtes, que celles-ci n'avaient pas un moment de repos. Je dus les envelopper dans des couvertures de feutre et louer un garçon pour les mettre à l'abri des attaques de cette engeance, mais, malgré tous nos soins, ils pâtissaient, et je me vis obligé d'en acheter trois autres pour transporter la plus grande partie de nos bagages jusqu'à Baron-Ts'aïdam, où j'espérais pouvoir me débarrasser de ces bêtes incommodes. Je louai également deux hommes pour m'accompagner jusqu'à cette dernière localité. L'un était le maître d'hôtel du prince, l'autre un Chinois mongolisé (1), tout deux habiles, bien au fait du pays, me furent très utiles et me donnèrent de précieux renseignements.

Le 8 avril, nous quittâmes ce petit village hospitalier. Notre caravane était maintenant imposante : une vingtaine d'hommes, vingt ou trente chameaux et des chevaux de bât. A quelques milles au-dessus de Doulan-Kouo, nous débouchâmes de la vallée et traversâmes une plaine d'une dizaine de milles de largeur. Elle renferme deux petits lacs salés : à l'est, le Doulan-Nor, qui reçoit la rivière voisine de Doulan-Kouo, et à l'ouest, le Dabesoun-Nor (2), qui a pour tributaire le Kachou-Osou, venant du sud, et un autre cours d'eau descendant de l'ouest. Le nord de cette plaine est cultivé partout où il a été possible de semer ou planter, et des canaux d'irrigation y font circuler de l'eau, mais le sable couvre rapidement la terre fertile et les Mongols se verront bientôt obligés de mettre en culture les vallées limitrophes plus éloignées. Le sud de la plaine est un marécage alcalin, où le pied enfonce à chaque pas et où les sables mouvants sont si nombreux qu'on n'y peut voyager qu'en longeant des sentiers étroits à peine visibles. Les montagnes qui bordent la plaine au sud, le Timourté (3), constituent la ligne de partage des eaux du bassin de Ts'aïdam, qui est de 6 à 800 pieds plus bas que ceux du Koukou-Nor et du Doulan Nor. La frontière politique entre le territoire du Ching-Haï-Wang et celui du prince de Ts'aïdam, le Beileh du Koukou se trouve au nord de la chaîne et passe par les deux lacs dont nous venons de parler. Les collines à l'est sont habitées par des Thibétains (Panak'a), appartenant à la tribu du Koukou-Nor méridional.

Après avoir traversé ces montagnes, nous entrâmes dans le désert de Koukou-Beileh. Le sable a été poussé par le vent contre le Timourté, au point de former une ligne de hauteurs aussi élevées, en certains endroits, que les montagnes mêmes. Ça et là pousse une herbe courte appelée *haramagou*, dont les chameaux sont très friands ; les Mongols en mangent parfois les baies rouges ou

(1) Il n'est pas rare de rencontrer, dans la région du Koukou-Nor, des Chinois réellement naturalisés Thibétains ou Mongols. Ils s'habillent exactement comme leurs nouveaux compatriotes et vivent tout à fait comme eux, sauf qu'ils ne se marient pas. Le relâchement des mœurs est grand parmi ces populations, mais les Chinois restent fidèles à leurs principes de moralité.

(2) Leur altitude moyenne est de 10,600 pieds (3,231 mètres). celle du Doulan-Kouo de 11,100 pieds (3,383 mètres).

(3) Le côté nord de ces montagnes est de la dolérite (roche composée de pyroxène et de feldspath ; le centre et le sud du poudingue (grès grossier). Leurs pics les plus hauts ne s'élèvent pas à 366 mètres au-dessus de la plaine, Quelques genévriers et cèdres croissent sur la pente septentrionale.

les font cuire. On ne rencontre dans cette région que des ânes sauvages et des antilopes. Les Mongols eux-mêmes la trouvent trop nue. Elle est traversée par le Tsatsa-gol, qui se perd finalement dans le grand marais central du Ts'aïdam.

Le nom de Ts'aïdam semble être thibétain : *ts'aï* (salé), *dam* (plaine), nom très approprié, le sel étant le principal sinon le seul produit de cette terre maudite. Je me trompe, il produit autre chose : les moustiques, si nombreux, si avides de sang, que les Mongols et leurs bestiaux sont forcés de fuir devant eux chaque année et de chercher un refuge dans les montagnes environnantes. Le nom de Ts'aïdam peut dériver aussi du mot mongol *Tsayidam* (vaste étendue de pays), dénomination qui convient bien à cette plaine d'environ 600 milles (965 kilomètres) de longueur, de l'est à l'ouest, sur 100 à 150 milles (160 à 240 kilomètres), du nord au sud. Les Chinois l'appellent Wu-Ts'aïdam ou « les cinq Ts'aï-dam », à cause de la division du pays en cinq principautés, Korluk (1), Koukou, Taichmer, Dsoun et Baron (2) ; chacune d'elles ayant pour chef un *dsassak*. Koukou a deux dignitaires : l'un qui porte le titre de *Beileh*, l'autre celui de *Beireyh*, que leur confère l'empereur de Chine.

La population du Ts'aïdam est estimée de 1,000 à 4,000 tentes, correspondant à 4,000 et 16,000 individus (3). Le Taichmer est, de toutes les parties, la plus peuplée du pays et aussi la plus étendue, le Baron, la plus petite, mais non la plus pauvre, suivant toute probabilité, quoique la population y soit dans ce que l'on peut considérer comme la plus abjecte pauvreté. Partout où les Mongols du Ts'aïdam sont à proximité des Thibétains, ils ont des villages comme Doulan-Kouo, mais dans le Taichmer et le nord-ouest du pays, ils n'ont pas été forcés d'adopter aussi exclusivement ce mode de défense.

A l'est du Baron et dans le bassin du Ts'aïdam, il y a un autre petit Etat qui, quoique n'en faisant pas partie politiquement, y appartient géographiquement. Il s'appelle Shang et fut détaché du Ts'aïdam par les premiers Mongols qui en firent don au Dalaï-Lama, probablement quand, en 1667, ils passèrent de sa suzeraineté sous celle de Peking. Il a une population de Mongols d'environ

(1) En chinois *pei-tzu*. Prjévalsky (*Mongolie*) l'appelle *Karmyk* (*Nitraria Schaberi*) et Carey (*Proceedings of the Roy. Geogr. Society*) lui donne le nom de Parmo.

(2) *Baron*, que Schmidt (*Dict. de la langue mongole*) écrit *baragon*, signifie « côté droit ou sud », *dsoun* (*dsegon*) côté gauche ou est.

(3) Prjévalski, dans ses *Voyages au Thibet*, évalue la population de 1,000 à 200,0 tentes. Le T'ung-Sheh, qui m'accompagnait, le maître d'hôtel du prince du Koukou-nor, et plus tard, le maître d'hôtel du Dsassak de Baron-Ts'aïdam, s'accordent à donner les chiffres suivants :

Taïchinès 1,000 familles (*Wa-Ka*) ; Korluk 1,000 ; Koukou 1,000 ; Baron 300 ; Dsouns 1,000. En tout 4,300 familles (*Wa-Ka*). Il faut y ajouter environ 500 lamas. Je crois que ces estimations doivent être réduites de 1,500 familles.

W. W. R.

1300 tentes. J'aurai plus loin l'occasion de reparler plus longuement de cette principauté.

Nous voyageâmes pendant quatre jours en nous dirigeant vers
le sud-ouest dans ce pays désert, tantôt sablonneux, tantôt maré-
cageux, nous arrêtant soit au bord de quelque petit cours d'eau
ou près d'un étang saumâtre où croissait un grossier paturin. La
chaleur durant le jour était étouffante, la nuit très froide ; la
poussière alcaline soulevée par les chameaux nous collait à la
peau en la faisant crevasser et saigner. Sur le Shara-Gol, nous
trouvâmes un petit campement et un autre sur le Tso-Gol. Ce
furent les seuls que nous vîmes entre Doulan-Kouo et le village
de Baron, que nous atteignîmes le 14 avril. Près d'un endroit

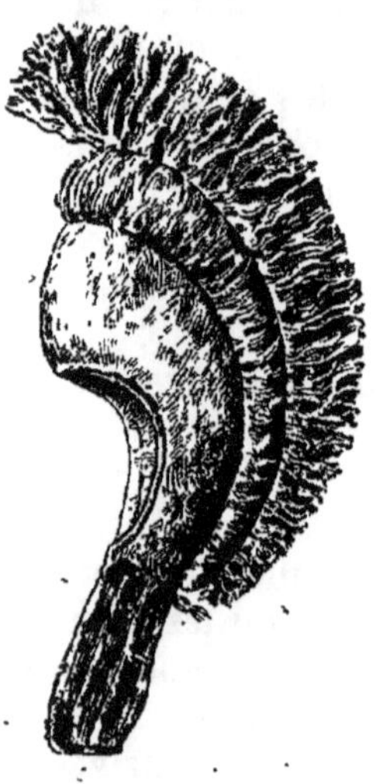

CHAPEAU JAUNE PORTÉ
PAR LES LAMAS.

appelé Ergetsou, sur le Tsatsa-Gol, nous dûmes
quitter le chemin direct menant à Baron, et
qui n'est praticable qu'en hiver, quand le sol
est gelé et dur ; et nous fûmes obligés de faire
un détour qui nous conduisit à vingt milles, à
l'est de ce village, au Bayan-Gol. Ce cours d'eau,
le plus grand du Ts'aïdam, qui avait 200 yards
(182 mètres) de large, là où nous le traversâmes, est peu profond et gonflé ; son lit de boue
molle et rouge nous offrit beaucoup de difficultés
pour faire passer nos chevaux et nos chameaux. Il sort de deux lacs, tout à l'extrémité
de la haute chaîne qui borde le Ts'aïdam au
sud, et après avoir traversé Shang, où il prend
le nom de Yohuré, ou Yohan-gol, passe un peu
au nord du village de Baron, et, comme toutes
les rivières de cette contrée, va se perdre finalement dans le grand marais central.

D'après ce que l'on m'avait dit à Doulan-
Koua, et s'il fallait en croire les Mongols qui m'accompagnaient,
je devais m'attendre à rencontrer dans ce village de Baron un
marché très animé où les Thibétains et les Chinois échangeaient
mutuellement leurs produits abondants de toute nature. Mais au
lieu de cela, je ne vis qu'un lieu insignifiant, misérable, couvert
en partie de ruines, au milieu des marais dont l'eau venait tant à
la surface qu'elle mouilla nos pieux de tente quand nous les
enfonçâmes en terre. Quelques vieilles femmes, une demi-douzaine
d'hommes, autant de chiens misérables gardant une cinquantaine
de brebis et de chèvres, c'est tout ce que nous y vîmes ; le reste
de la population s'était enfui à la nouvelle de l'arrivée d'un
Hsi-ning T'ung Shih pour ne pas être victime de la presse et des
réquisitions forcées. Mais ils n'y échappèrent point car le T'ung
Shih leur fit donner la chasse par les Mongols, avec ordre de les
soumettre à la corvée et aux prestations qu'ils lui devaient à

moins de les remplacer par un équivalent en marchandises vendables au marché.

Le village de Baron (1) n'a pas plus de 8 milles (12 à 13 kilomètres) de longueur depuis le pied de la grande montagne qui marque la limite du haut plateau thibétain, mais le brouillard enveloppant le pays était tel que je ne pus distinguer l'endroit que lorsque, au sud, je vis le débouché de la vallée conduisant aux passes de Nomoran et de Hatto, et un peu à l'ouest, celle allant au Bourhan boto, la route de Lhassa (2).

Nous fûmes bien désappointés de trouver ce village si pauvre et si abandonné, sans aucunes provisions pour nous et même sans herbe pour nos bêtes. En outre, aucun de ceux qui l'occupaient ne voulut nous accompagner; rien en somme n'y justifie l'indication de « marché » qu'on trouve sur quelques cartes. Le T'ung shih fut obligé de s'arrêter ici pendant quelque temps, tandis

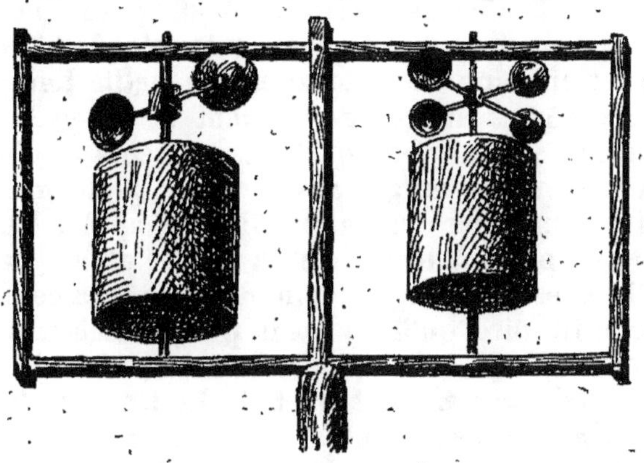

MOULINS A PRIÈRES.

que ses hommes battaient le pays pour l'*ula* (la presse). Quant à moi, je n'avais aucun intérêt à m'attarder, et je résolus d'aller jusqu'au village de Sháng, à trente milles (un peu moins de cinq kilomètres), à l'est, car on m'avait représenté cet endroit comme un pays de Cocagne. Désillusionné sur les ressources réelles du

(1) Altitude 3010 mètres. Prjévalsky ne donne pas l'altitude de Baron, mais celle de Dsùn, à 20 milles (32 kilomètres) de là, et qu'il évalue à 2685 et 2804 mètres, ces derniers chiffres étant sans doute assez corrects.

(2) Sur nos cartes, cette montagne figure sous divers noms, dont aucun n'est connu dans le pays. Celui de Kouen-Loun est le plus généralement adopté, mais les anciens géographes chinois l'appliquaient aussi à une autre chaîne, qui est probablement le Koukou-nor septentrional ou Nan-San. Prjévalsky l'appelle la chaîne de Bourhan Bouddha, et sur d'autres cartes on lit Angirtakshio, deux dénominations également erronées. Bourhan Bouddha est le Bourhan Bota, signalé par Huc et signifie le « Chaudron de Bouddha ». Angirtakshia est le nom d'une passe comme Nomoran, Hato, Bourham boto: Prjévalsky, qui a donné des noms à tant de pics, lacs et localités qui en avaient déjà dans la langue indigène, n'a pas été heureux ici. Cette chaîne n'a pas de nom. Le voyageur russe aurait pu lui donner le sien ou celui de Huc, plus légitime.

Ts'aïdam, j'étais toutefois persuadé que Shang ne pouvait être pire que l'endroit où nous nous trouvions et serait peut être meilleur.

La route jusqu'à Shang ourlait le pied des montagnes jusqu'au lit à sec de Korgol et dans sa dernière partie longeait la rive du Bayan ou Yohuré. Entre les deux villages nous ne passâmes devant aucune tente, mais il est probable que nous en aurions vu un grand nombre si nous avions pénétré dans les montagnes. Le temps était devenu froid et la neige tomba en abondance toute la journée. Nous éprouvâmes, du reste, de ces grands changements subits de température pendant toute la durée de notre présence dans ce pays. Shang ne fut qu'une autre désillusion, en ce sens que nous y rencontrâmes, au lieu d'un désert, la plus agréable surprise. Le village, de belle étendue, comprend une centaine de maisons dans une large vallée entourée de hautes montagnes; la plaine est couverte d'herbe partout où elle n'est pas cultivée. Nous entrâmes dans une grande cour entourée de bâtiments sur lesquels s'ouvraient une demi-douzaine de petits hangars. Dans l'un nous cherchâmes un refuge pendant la tempête de neige, tandis que le guide, chargé de quelques présents et d'un k'atag, se rendait à la demeure du gouverneur pour l'informer de notre arrivée et lui demander un gîte. Bientôt après, une troupe d'hommes arriva portant le bâtis et la toiture d'une grande tente mongole qu'ils dressèrent en un clin d'œil dans la cour. Le gouverneur me faisait dire qu'il n'y avait pas de maison vacante où nous loger, mais que je serais plus à l'aise sous la tente. Il m'envoyait par le messager un pot de thé, du tsamba, du fromage coagulé (tchoura), du beurre, etc. Le messager me dit aussi que le K'ampo (c'était le titre du gouverneur) espérait bien que si j'avais quelque achat à faire, je lui donnerais la préférence. Il est curieux de remarquer jusqu'à quel point tous les chefs mongols et thibétains monopolisent le commerce dans leurs localités respectives. La population de l'endroit n'achète et ne vend qu'à eux, et ils se font de cette manière un grand revenu. Il est vrai que leurs fonctions ne sont pas salariées. Le Mongol a peur de vendre un cheval ou un chameau s'il sait que son chef en a un à offrir, ou s'il se risque à céder le sien, il partage la somme reçue avec le chef, pour se faire pardonner d'avoir enfreint ce qui est considéré presque comme un droit établi.

Shang ou Shang-Chia, comme l'appellent les Chinois, est, je l'ai déjà dit, un fief du Dalaï-Lama, à qui les chefs mongols du Ts'aïdam en firent don. Il est gouverné en son nom par un abbé (K'ampo) de la grande lamasserie de Trashil'unpo, et l'on change ce fonctionnaire tous les cinq ou six ans. La population, estimée à trois cents familles, est entièrement mongole, mais l'abbé a d'ordinaire dans son entourage un certain nombre de Thibétains. Le titulaire, au moment où j'y arrivai, comptait à son service un maître d'hôtel et un cuisinier, tous deux Thibétains, qui étaient aussi ses ministre et conseiller. Son ministre des Affaires étrangères, un vieux Mongol, avait habité quelques années auparavant Lhassa, puis Hsi-ning et Péking, et sa connaissance du chinois et du thibétain lui avait valu cette haute position. L'amban de Hsi-ning n'a point d'autorité sur Shang, et comme l'endroit n'est pas situé sur la grande route qui mène au Thibet, ses habitants échappent en général à l'obligation de fournir l'oula.

Je trouvai ici cinq ou six marchands de Lasa, localité voisine. Ils étaient très alarmés, ayant entendu dire que j'avais moi-même les pouvoirs d'un Hsi-ning T'ung-shih, et ils se disposaient à se cacher dans les montagnes jusqu'à ce que je fusse parti. Leur permis de marchand était depuis longtemps expiré et ils craignaient d'avoir à payer une forte amende pour qu'on fermât les yeux sur l'irrégularité. L'année précédente l'un d'eux avait été pris et forcé de donner au T'ung-shih plusieurs chevaux et une vingtaine de pièces de drap et de coton (1).

Lorsqu'ils se furent convaincus que je n'étais pas le personnage qu'ils redoutaient, nous devînmes de bons amis et plusieurs d'entre eux me furent très utiles pendant tout le reste de mon séjour au Ts'aïdam. Ils me racontèrent tous les tours qu'ils étaient obligés d'employer avec les Mongols aussi bien qu'avec les Thibétains. Usage de faux poids, mauvais aloi de l'argent, chaux mélangée à la farine, mauvaise qualité des marchandises, etc. Les naturels s'étaient, disaient-ils, tellement accoutumés aux falsifications qui permettaient de leur donner pour le même prix une plus grande quantité d'objets vendus qu'on ne pouvait plus les décider à accepter des qualités meilleures; on était donc contraint, malgré soi, à être malhonnête.

Parmi les habitants de Shang et aussi de Baron et de Dsoun, je vis beaucoup de Mongols de l'Orient qui n'avaient certainement pas fait le voyage de l'Occident pour chercher fortune. On les reconnaissait à leur teint clair et surtout à la douceur de leur langage. Les Thibétains les appellent *mar-sok*. On me prenait généralement pour l'un d'eux. Pour les Mongols et les Thibétains, un grand nez, de grandes oreilles sont des signes de beauté, et je me rappelle qu'ayant demandé un jour à un Thibétain si j'aurais bel air sous son costume, il me répondit que je ferais un admirable Thibétain, puisque j'avais le nez grand et les oreilles aussi.

---

(1) Le chef de cette troupe de marchands, composée d'une dizaine d'hommes, me dit que lorsqu'il faisait un bénéfice net de cinq ligatures de monnaie (35 taëls par an), il était très satisfait. Il achetait à Tankar un certain nombre de chameaux à raison de sept paires de bottes par tête (environ 2 taëls); chaque chameau pouvait transporter seize peaux d'yak. Il achetait des peaux d'yaks sauvages, d'ânes sauvages, de moutons, de chèvres, d'agneaux, quelques fourrures, principalement du lynx, et donnait en échange des bottes, du vermicelle, de la farine, du calicot, des aiguilles, du fil, etc.

Les Mongols n'ont ni obéissance ni respect pour leurs parents pas plus que pour les vieillards. Plusieurs de ces derniers vinrent se plaindre amèrement à moi de leur condition misérable, tandis que leurs fils et leurs filles vivaient dans l'abondance. Il leur arrive souvent de chasser leurs vieux parents de la tente et de les forcer à vivre littéralement sur un fumier, avec quelques guenilles de feutre pour se garantir des rigueurs du temps et un peu de mauvais thé, de tsamba moisi pour toute nourriture. Il est, d'ailleurs, inutile de s'adresser aux chefs afin d'obtenir le redressement de ces griefs. C'est une coutume établie et même en honneur.

Pendant mon séjour à Shang j'envoyai quelques présents à l'abbé dans l'espoir d'avoir son aide pour organiser ma caravane. Il m'invita à dîner. C'était un homme d'une cinquantaine d'années, à l'aspect sale, aux vêtements de poulo rouge tout taché. Je le trouvai assis, dans un coin de sa cuisine, sur une pile de tapis et de coussins. Il nous pria mes compagnons et moi de nous asseoir à notre tour sur des tapis en face de lui. Quand nous eûmes pris place nous tendîmes sans cérémonie nos bols au cuisinier, qui les remplit de thé. Après avoir parlé quelque temps de nos voyages, de notre âge, on mit devant nous des plats de bois sur lesquels s'empilaient des morceaux de mouton boulli. Nous mangeâmes avec appétit ce mets

VASE SACRÉ POUR LES LIBATIONS.

assez grossier mais sain, puis on remplit nos bols de riz et de choma bien beurré et sucré. Nous ne nous fîmes pas prier, et nos bols vidés, soigneusement léchés, on nous y servit du vermicelle avec un hachis de mouton — ceci pour répondre à nos palais de gourmets chinois. — Pour finir le repas on apporta un grand pot de « vin de seigle » (*na ch'ang*) qui n'est pas mauvais du tout et ressemble au samshu chinois avec de l'eau.

Après le dîner, je parlai d'aller à Lhassa, mais l'abbé me déclara net qu'il ne pouvait en rien m'aider dans ce projet; ses gens n'avaient jamais fait ce voyage, sauf en grande caravane, et il n'en connaissait aucun qui voulût se risquer à m'accompagner, à moins que mon escorte ne fût plus nombreuse qu'il ne le supposait. Puis on entama l'histoire si souvent entendue déjà des dangers de la route, avec quelques légères variantes, quelques embellissements ou aggravations.

On me raconta le terrible sort de l'Amban russe (Prjéval-

sky) (1) qui avait tenté quelques années auparavant de traverser le Thibet oriental. Il avait été attaqué par les féroces Golok,
ou empoisonné par les émanations pestilentielles, et, depuis, on
ne l'avait plus revu dans le Ts'aïdam. L'abbé me conseilla finalement (car il me souhaitait un heureux voyage jusqu'au bout
de mon itinéraire), d'aller voir le dsassak de Baron Ts'aïdam :
toutes les caravanes qui vont au Thibet ou en reviennent passent
par son pays; ceux qui l'habitent font fréquemment le voyage
de Lhassa et là, mieux qu'ailleurs, je trouverais des gens pour
m'y accompagner. L'abbé dit aussi qu'il avait appris mon dessein de remonter jusqu'à la source de
la rivière qui baigne Shang. C'était,
assura-t-il, une entreprise des plus pé-
rilleuses, car ces sources se trouvent
dans une région déserte au sud des
montagnes et qui n'est traversée que
fort rarement par des marchands de
Sang'p'an, ou infestée par des brigands
tibétains.

Quand je me levai pour prendre
congé, le K'ampo me fit présent d'une
pièce de beau poulo rouge, de plusieurs pains de sucre brut (apporté des
Indes, par le Thibet), et de quelques
autres objets, en s'excusant du petit
nombre de ses cadeaux, par suite de
l'éloignement et de la pauvreté de sa
région. Il me renouvela l'offre qu'il
m'avait déjà fait faire par son maître d'hôtel de me vendre aux « meilleures et plus douces conditions »

T'SÉ-TA-MÉ JANITARTRE : IDOLE.

tout ce dont j'aurais besoin. Je lui fis un salut et m'en allai.

Bien que les Mongols ne manquent pas de politesse, ils n'ont
point de termes de remerciements et de salutations réciproques.
Quand on fait un présent à quelqu'un, il porte ses deux mains à
son front mais ne trouve pas un mot à dire. Quand deux indi-
gènes veulent se saluer, l'usage exige qu'ils tendent les deux
mains ouvertes, la paume en dehors, en s'inclinant légèrement, et
en disant : *amour sambéné* (2). Pour s'adresser à un supérieur, ils
emploient le mot *abréou* qui correspond à peu près à notre « Mon-

(1) Je lui avais dit que j'habitais l'ouest de l'Inde et que pour arriver jusque-
là je devais traverser le Thibet, que j'avais déjà visité. Il me répondit qu'il le
savait, sans que j'eusse besoin de lui révéler mon séjour précédent au Thibet,
car il m'eût été impossible autrement d'apprendre la langue thibétaine, surtout
celle qu'on parle à Lhassa.
(2) Les Mongols et les Thibétains ne jurent jamais ; leur seule expression un
peu forte, mais rarement employée, au Koukou-nor et au Ts'aïdam, est *Ah*

sieur » et quand ils parlent à un personnage très élevé, ils disent
noyenl. Dans toutes leurs relations sociales, il règne la plus parfaite
égalité. Le plus pauvre de sa tribu entre dans la tente du chef, qui
lui fait remplir son bol de thé ; il prend du tabac à priser dans la
corne du chef aussi familièrement que si c'était un individu quel-
conque à qui il a affaire. Le chef ne lui donnera pas, il est vrai,
la place d'honneur à côté de lui et le laissera s'asseoir sur ses
talons près de la porte, mais sauf cette exception, il le traitera
tout aussi bien que s'il s'agissait d'un visiteur de distinction. Très
souvent, le chef va voir lui-même le plus bas de ses sujets, boit et
fume avec lui, tâche de vendre par son intermédiaire quelque
poulain ou lui propose une opération hasardeuse dans laquelle ils feront
feront part à deux.

Les Mongols du Ts'aïdam sont de très pieux bouddhistes, et leur
dévotion est plus grande que celle des Thibétains du Koukou-Nor.
Je crois que leurs signes extérieurs de croyance religieuse sont
sincères. Tandis que chez les Thibétains du Koukou-nor, tous, à
part les prêtres, ne font aucun cas de la prière, en se disant qu'ils
font assez de bien aux Lamas pour que ceux-ci se chargent de
leur salut, les Mongols, au contraire, murmurent sans cesse des
oraisons, ou font tourner des moulins à prières, l'un ou l'autre, et
plus souvent l'un et l'autre. J'avais un guide qui ne se serait
jamais couché sans avoir dit ses prières et s'être prosterné trois
fois. A Shang, presque chaque maison a sur le toit, au bout d'un
poteau, deux petits moulins à prière que fait tourner le vent. On
y supplée tout simplement par des caisses en bois fixées à l'extrémité de bâtons plantés verticalement et qui ressemblent à nos
anémomètres. Les grains qui servaient autrefois à compter des
prières sont devenus des machines à calculer ; ils les emploient
aussi pour prédire l'avenir et en font des colliers que l'on porte au
cou en guise d'ornement. Il n'y a qu'un petit nombre de Lamas
au Ts'aïdam, peut-être pas plus de trois à quatre cents, et l'on a
constamment recours à eux pour dire les prières dans les tentes
des « Noirs ». Cela s'appelle « battre le tambour », expression très
usitée parmi les Thibétains et qui donne une idée exacte de la cérémonie. Je voyais tous les jours un Lama s'en aller à cheval à une
tente éloignée, un grand tambourin attaché sur le dos, et portant
dans sa robe les objets nécessaires au service religieux : encre, son-
nettes et trompettes. Le soir il revenait avec une peau de mouton pleine de beurre. C'était le prix des offices récités avec
accompagnement de tambour, sans compter ce que recélait sa
vaste robe, tsamba, mouton ou viande d'yak. Les vieux et les
vieilles de Shang me rendaient fou en répétant à tue-tête leur *Om*

---

sama, Kon-ch'ok, ch'en-po, qui est intraduisible et dans laquelle figure ce mot
Kon'-ch'ok que certains missionnaires protestants traduisent par *Dieu*, quoique
au Thibet on ne lui donne jamais cette signification.

mani pémé hum, la prière de six syllabes, la grande invocation à Shenrez'ig, le Seigneur qui veille sur le monde (1). Ils étaient toujours une demi-douzaine autour de ma tente, dans l'espoir d'attraper quelque médicament pour leurs nombreuses douleurs, et ils ne s'arrêtaient pas une seconde dans leur évocation du charme, en reprenant de temps à autre haleine à grand bruit pour renforcer leurs voix. Je leur donnai de la vaseline, de l'Enos, en ajoutant que c'étaient des remèdes souverains contre tous les maux; ils s'éloignaient pleins de joie, mais revenaient le lendemain en demander davantage.

Maintenant que j'étais au pied du grand plateau thibétain, la surexcitation de mes hommes augmentait, visiblement car ils entendaient raconter de tous côtés les récits les plus effroyables sur les effets exercés par le « yen-chang » sur les voyageurs. Le T'ung-Shih leur avait dit que dans une de ces expéditions en ce pays, deux de ses compagnons en avaient été victimes. Aussi toute mon escorte s'imaginait-elle déjà qu'elle allait périr dans ce désert et être dévorée par les aigles, les ours et les loups. Le vertige, le manque de respiration, les nausées et autres symptômes de maladie sont dus à l'air raréfié dans les altitudes élevées, mais les Chinois et toutes les populations de l'Asie centrale les attribuent à des exhalaisons pestilentielles, à des vapeurs toxiques qui se dégageraient du sol (2). Pour peu que l'on ait traversé le grand plateau, on comprend parfaitement pourquoi cette explication qui semble d'abord cherchée bien loin, est acceptée par des peuples sans aucune éducation scientifique; car, si étrange que cela puisse paraître, sans doute ce n'est pas dans les localités les plus élevées que les effets de la raréfaction de l'air sont le plus douloureusement ressentis par les hommes ou les animaux, et c'est à cause de cela qu'on émet des erreurs à cet égard.

Après le dîner avec l'abbé de Shang, son ministre des Affaires

(1) Ces six syllabes sont attribuées au Bouddha « nangwa t'a-y a » et s'appliquent aux divers êtres de la création, *om* aux dieux, *ma* aux Titans, *ni* aux hommes *pad* ou *pé* aux bêtes; *mé* aux *prelas* (*yidag*) et *hum* à ceux qui sont dans les enfers. Les Mongols disent *om mans padmé hum*; les Thibétains, *om mani pémé hum.* Un voyageur, T. T. Cooper, prétend qu'il faut prononcer *omansè penunce.* C'est une erreur. Tous les Mongols et les Thibétains répètent la même formule dans leurs prières, et le moulin à prières (*mani k'orlo*) n'est qu'un moyen plus rapide de la répéter. Ce moulin consiste en un cylindre sur lequel sont enroulées les unes au-dessus des autres des bandes de papier portant imprimées en caractères fins les six syllabes *om mani pémé hum.* Les feuilles s'enroulent de gauche à droite sur l'axe du moulin, et la roue mise en mouvement tourne dans le sens contraire, en sorte que l'écriture en se déroulant passe sous les yeux de celui qui prie en la lisant. Faire dérouler les feuilles de gauche à droite est un sacrilège.

(2) Huc décrit les effets du *yen-chang.* (V. aussi Prjévalsky (*Mongolie*). Dans le Kansou on dit *yen-chang* et dans le Ssè-chouen, *chang-ch'i.* Les deux expressions correspondent à « vapeurs pestilentielles ». Pour les Thibétains il n'y a qu'un antidote : l'ail et on le donne également aux animaux. Le Dr Bellew dans son voyage au Kachgar par la passe de Karakorum s'est trouvé très bien du chlorate de potasse.

étrangères et les autres dignitaires de sa cour, le cuisinier et le maître d'hôtel dirent à mes hommes tant d'horreurs du voyage au Thibet qu'ils vinrent m'annoncer avec des figures défaites et livides que leur intention était de retourner chez eux. Je leur demandai d'ajourner leur départ jusqu'à ce que j'eusse quitté Ts'aïdam et en attendant de m'accompagner au sud des montagnes pour explorer les sources de Bayan-gol ; non seulement je voulais compléter l'étude de cette partie du pays qui n'avait pas été visitée par Prjévalsky, mais je savais d'une manière certaine que j'aurais

à traverser des défilés où il y aurait beaucoup de *yen-chang*, et je me disais que cette expérience donnerait un peu plus de courage à mon escorte en la rendant incrédule aux effets mortels du poison redouté. Ils consentirent, et nous nous préparâmes à cette excursion, que je voulais rendre aussi rude que possible en n'emportant que tout juste assez de provisions, sans aucune tente. Ils contribuèrent eux-mêmes inconsciemment à nos privations en oubliant le sac à thé.

Il y avait encore une raison qui me poussait à entreprendre cette tournée. Un soir, un Mongol m'avait parlé d'un voyage qu'il avait fait un jour aux lacs en compagnie d'un marchand chinois qui, voulant acheter de la rhubarbe aux Thibétains, venait chaque année visiter leurs rivages. Ils avaient vu d'innombrables troupeaux d'yaks sauvages, d'ânes sauvages, d'antilopes et de *gérésoun bambourché*. Cette expression signifie littéralement « hommes sauvages », et le narrateur affirmait en insistant qu'ils étaient tels, en effet, tout couvert de longs cheveux, la stature droite comme les autres hommes et beaucoup d'autres traits de ressemblance avec ces derniers, sans paraître toutefois avoir le don de la parole. Puis, prenant une boule de ts'ambo, il modela un *gérésoun bambourché* qui avait toute l'apparence d'un ours (1). Pour rendre l'identité parfaite, il dit que les Chinois, quand ils voyaient un de ces êtres sauvages, lui criaient : *H's'ioung, h's'ioung* (ours, ours), et, ajoutait-il,

(1) Prjévalsky a fait en 1871 une expérience analogue. Il appelle cet animal *Kung guressu*. Les légendes relatives aux animaux sauvages sont fréquentes dans l'Asie centrale au moyen âge : le roi Haitha, d'Arménie, dans le récit de son voyage à la cour des Khans de Batou et de Mangou, parle d'hommes noirs qui habitent le désert au sud-est de l'Ouroumtsi actuellement. Du Plan de Carpin fait aussi allusion à des sauvages privés de la parole et incapables de se relever, une fois qu'on les a terrassés. Il les place dans la même région.

en thibétain on les appelle *dré-mas*. Les Mongols ne rangent pas
l'ours parmi les animaux, c'est pour eux le *missing klin* (l'anneau
manquant), qui tient de l'homme par l'aspect et de la bête par les
appétits. L'ours prend la place du « roi des animaux » chez eux
et chez les Thibétains, car ils le considèrent comme le plus terrible des animaux quand on l'attaque, dévorant l'homme, sans
aucun doute. C'est, évidemment, le sauvage primitif du Thibet
oriental, le héros de tous les contes que l'on m'avait fait de
l'homme paléolithique dans cette contrée.

Le 24 avril, je partis avec deux de mes hommes, les plus jeunes
et les plus vaillants, pour la source du Bayan-gol, et j'envoyai ses
deux autres avec les chevaux de bât au dsassak de Bara, par la
route directe en leur donnant l'ordre de m'attendre là-bas. Nous

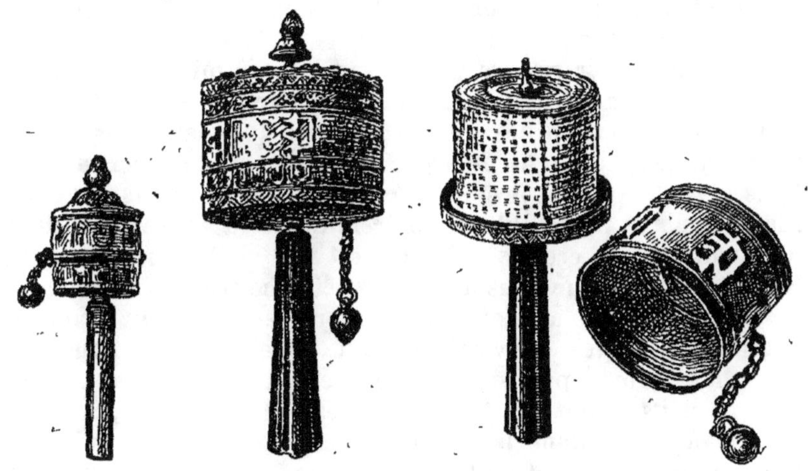

MOULINS A PRIÈRES.

prîmes pour guide un des marchands chinois qui disait avoir été
deux fois à Tosoun-nor et bien connaître le pays. Nous longeâmes
à cheval la rivière en amont. A l'est du Shang, elle entre dans
une vallée étroite entre des montagnes hautes et escarpées. Nous
vîmes près de là des hommes et des femmes labourant et irri-
guant leur champ avant d'y semer du seigle. A une trentaine de
milles au delà, à l'endroit où la rivière reçoit le Katu-gol venant de
l'est (1), la vallée tourna brusquement au sud.

C'est là que nous rencontrâmes la seule troupe de Mongols que
nous vîmes pendant cette partie de notre voyage. Ils venaient de
la région des lacs, en descendant, et poussaient devant eux des
yaks chargés de gibier, chair et peaux, qu'ils avaient pris pendant
dix jours de chasse. Dès qu'ils nous aperçurent, ils chassèrent leur

(1) Sur la plupart des cartes on indique que le Kaltu-gol sort du lac Tosoun-
nor, c'est une erreur. Le Kaltu-gol n'a pas plus de vingt milles de long.

troupeau dans un petit ravin, pour le mettre à l'abri, et allumant les mèches de leurs fusils, se préparèrent à nous faire une chaude réception car ils nous prenaient à notre costume pour des Thibétains. Un de mes hommes prit les devants et leur cria en mongol que nous venions de Shang; aussitôt ils vinrent à nous sinon se jeter dans nos bras, au moins fumer la pipe avec nous, en échangeant la leur avec la nôtre, ce qui aurait dû signifier que nous étions de vrais amis. Ils me dirent que lorsqu'on se rencontre ainsi dans le désert, c'est l'usage de s'aborder le fusil en arrêt, car il est peu probable que les plus forts ne tentent point de piller les plus faibles. Je pus me convaincre dans la suite que c'était bien la coutume; j'eus plusieurs fois beaucoup de mal à empêcher mes hommes de tirer sur de petites troupes d'inconnus arrivant à notre rencontre et le seul motif de cette agression, c'est qu'ils croyaient avoir affaire à des ennemis.

En remontant la rivière vers le sud jusqu'à mi-chemin du passage de la chaîne, le guide insista sur l'ascension d'un ravin latéral et après quelques milles de marche nous commençâmes à gravir le flanc d'une montagne escarpée dont le pic était couvert de neige. Nous y vîmes pour la première fois des yaks puissants, ils étaient réunis sur une pente à l'autre extrémité de la vallée et au-dessus il y avait tant de crottes qu'on eût dit une vieille aire de grange. Le sol, à mesure que nous avancions, était couvert de fragments de roche et de schiste argileux. D'innombrables ruisseaux formés par la fonte des neiges, convertissaient le terrain en une boue molle que nous dûmes passer à gué, en tenant nos chevaux par la queue, car ils furent vite trop essoufflés pour me porter. Peu à peu ils s'engagèrent dans la neige et à la tombée de la nuit, nous atteignîmes le sommet de la passe, ce ne fut que pour entendre le guide se lamenter de s'être trompé, en ajoutant que nous avions fait fausse route, qu'il fallait rebrousser chemin et franchir un autre col que nous voyions à quelque distance de nous sur la droite. Il n'y avait pas de temps à perdre. Nous partîmes aussitôt, plongeant dans les amas de neige où nous enfoncions jusqu'aux aisselles; le vent perçant qui nous cinglait le visage nous inspirait heureusement une ardeur nouvelle : pour gagner une heure de rude travail, nous nous trouvâmes sur le faîte de l'autre passe l'Amyéleor à une altitude de 16,220 pieds (plus de 4,800 mètres). Nous dégringolâmes sa pente rapide et, revenus sur la ligne des neiges, nous nous jetâmes sur les rochers, sans peur, sans repos, abattus, attendant l'aurore. Je crois que si mes hommes avaient été soumis toute la semaine à pareille endurance, ils auraient non seulement affronté toutes les rigueurs du Thibet, mais y auraient trouvé la vie splendide.

Dès la première pointe du jour, nous poussâmes au sud et après quelques heures de rude descente à travers une gorge étroite nous arrivâmes en face du Yohubé gol, cours d'eau très clair, d'une cinquantaine de pieds de large et trois pieds de profondeur, coulant à l'ouest en baignant une belle vallée. Je ne m'aperçus que plus tard que c'était la même rivière que j'avais déjà suivie dans le Shang; il est vrai qu'elle était si boueuse dans sa partie inférieure de son cours, qu'il m'était impossible de la reconnaître dans cette eau limpide que j'avais maintenant sous les yeux.

Tandis que nous faisions le thé et séchions nos vêtements, je vis un troupeau de yaks qui descendaient pour venir s'abreuver à la rivière. Il me vint dans la tête d'en tuer un d'un coup de fusil et prenant une carabine Winchester, je rampai vers lui. A six cents pieds environ du troupeau je découvris une bonne position derrière un roc, et visant soigneusement le plus gros mâle je fis feu, mais apparemment sans blesser le grand monstre noir, qui se contenta de faire un bond vers moi et reprit ensuite le chemin de la rivière. Quand je voulus recharger mon arme, je trouvai le magasin vide; et me souvenant de la remarque de Prjévalsky que la chasse du yak est aussi dangereuse que passionnante, car l'animal blessé, surtout si c'est un vieux mâle, attaque souvent son agresseur, je me dis que je ferai tout aussi bien de ne pas poursuivre l'aventure et prudemment je regagnai notre campement par un détour de manière à me dérober à la vue du troupeau. Une heure après, en passant au même endroit avec mes hommes, tandis que nous faisions route vers Tosoun-nor, quel ne fut point mon étonnement de trouver un yak étendu mort, troué de part en part. Le plaisir que j'éprouvai de ce résultat de ma maladresse, — car j'étais persuadé que je ne l'avais pas touché — me fit oublier ma prudente poltronnerie. Mes hommes qui étaient tous mulsulmans refusèrent d'en manger et je dus me borner à emporter la queue du yak comme un trophée en abandonnant le corps aux loups et aux vautours, qui avaient déjà tout dévoré et raclé chaque os quand nous revînmes le lendemain.

Le seul cours d'eau qui se déverse dans le Yohuré est le Tseldoum, à huit milles au-dessus de l'endroit qui l'entraîne dans la vallée. A six milles plus loin à l'est se traîne l'extrémité occidentale du Tosoun-nor (le lac du Beurre).

Les montagnes qui bordent le cours supérieur du Yohouré sont beaucoup moins escarpées que celles du cours inférieur et couvertes de lœrs et d'herbes au sommet. On y voit quelques pics rocheux et des aiguilles; la plus haute et probablement le point culminant de la chaîne sur la rive gauche est un peu à l'ouest de l'endroit où le Yohuré reçoit l'Alang gol (1). Le pays est partout littéralement saturé de gibier; le yak et l'oie sauvage y abondent

(1) Cette rivière est indiquée dans certaines cartes sous le nom de Bai-gol, nom que je ne lui ai jamais entendu donner. C'est sans doute une corruption de Bayan.

surtout, mais on y trouve aussi, en très grandes quantités, l'antilope, la chèvre sauvage, l'ours, le loup, le lièvre, le canard, l'oie, le tadorne (*huang ya*) le coq de bruyère, des sables, la perdrix.

La chasse à l'âne est très difficile; ce joli animal a la vue extrêmement perçante et l'ouïe merveilleusement fine; pour peu qu'il ait plu, il part au grand galop et fuit à d'innombrables distances, généralement en escaladant les montagnes. Mais il y en avait tant entre l'Alang gol et le lac Alang que sans beaucoup de fatigue j'en abattis plusieurs. Lorsqu'ils ne sont pas grièvement blessés, ils parviennent d'ordinaire à se sauver. Il y en eut un à qui j'avais cassé une jambe de devant, ce qui ne l'empêcha de m'obliger à le poursuivre pendant plusieurs milles avant de pouvoir lui tirer un second coup. Chaque troupe ou horde de dix ou douze est conduit par un et alors, ils marchent à la file, la tête droite et la queue raide. On ne les entend braire que très rarement et leur cri paraît plutôt un aboiement qui ne ressemble point au braiment de notre âne domestique et n'est ni aussi fort ni aussi prolongé. A la nuit, ils font le cercle, serrés les uns contre les autres, la tête en dedans, les pieds en dehors de manière à pouvoir allonger un bon coup au loup ou à tout autre ennemi qui s'aviserait de les attaquer. Ils n'ont pas plus de dix et demi à onze paumes (1) de haut, le corps est court, la tête grande, sans élégance, la queue petite et peu fournie. Le cou, le ventre, les pieds sont blancs, la robe fauve et sur le dos brun foncé. Entre le Tosoun-nor et l'Alang-nor, sur un parcours de soixante-dix à quatre-vingts milles, nous en vîmes au moins un millier.

*
* *

Je borne ici la relation de mon voyage au Kouhour-Nor et au Ts'aïdam. Ceux qui ont lu Prjévalsky et Huc pourront se convaincre que j'ai rectifié des points assez nombreux de leurs récits, en donnant des indications qui leur avaient échappé : j'ajouterai seulement que toute la région est encore très peu connue dans ce détail et qu'elle offre au point de vue des futurs rapports avec la Chine, quand celle-ci sera complètement ouverte au commerce international ses richesses économiques extrêmement précieuses.

W. W. ROCKHILL.

(1) La paume, qui sert à mesurer les chevaux, correspond à dix centimètres environ.

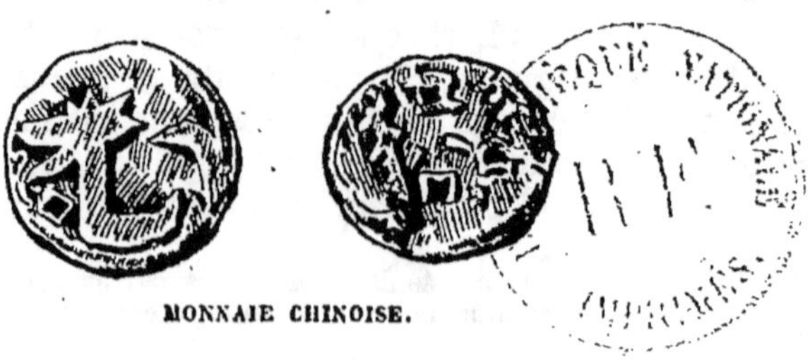

MONNAIE CHINOISE.